CABALLOS SALVAJES EN LA SOLEDAD DEL DESEO

Elías Kurkutas

CABALLOS SALVAJES EN LA SOLEDAD DEL DESEO

Traducción
José Antonio Moreno Jurado

EL ÁRBOL DE LA LUZ
62
ΤΟ ΦΩΤΟΔΕΝΤΡΟ

Padilla Libros Editores y Libreros
Sevilla 2024

C O L E C C I Ó N
P O É T I C A
D E   A U T O R E S   G R I E G O S
C O N T E M P O R Á N E O S
EL ÁRBOL DE LA LUZ
TO   ΦΩΤΟΔΕΝΤΡΟ
N.º 62

Título original: *Ἄγρια άλογα στην ερημιά του πόθου*

© de los poemas: ELÍAS KURKUTAS

© de la traducción: JOSÉ ANTONIO MORENO JURADO
© de la presente edición: PADILLA LIBROS

ISBN: 978-84-8434-803-0

D. Legal: SE 1953-2024

1.ª impresión, agosto de 2024

PADILLA LIBROS EDITORES Y LIBREROS
C/ Trajano n.º 18
41002 Sevilla (España)
editorial@padillalibros.com

LA HETERODOXIA DEL AMOR

Dos hombres deambulan por mi barrio
uno junto al otro

uno en el otro
uno me pertenece a mí
el otro al cielo
uno lleva sombrero
otro mi cuerpo
el primero no habla a los antepasados
el otro no quiere antepasados
uno gusta de los pendientes femeninos
el otro de los hombres que caen bajo cuchillo
al primero no le importa el fluir del tiempo
al otro la conciencia del dolor
el primero adora los versos
el segundo los escritos en los cementerios

uno es camino
el otro verdugo y dolor
uno tiene cuerpo y niño
otro bebé y pecho
uno aerostato que no alcanzas

el otro palabra
que golpea en el corazón
uno es faro en la ola de la muerte
el otro el mismo mar
con los marineros perdidos
y las bodegas cerradas
uno es Ulises
que no regresa
el otro Ítaca
que no se va

PROVENGO DE LOS FILISTEOS

«Provienes de los filisteos»
y yo del mundo de los insectos

Eres Griego bizantino
y antiguo hombre culto

Soy la piedra que tallaste
para escribir historias
—me duele aún—
el papiro que quemaron por tus audaces
    pensamientos
—tengo aún quemaduras en el cuerpo—

Eres el Dniéper y el Danubio
y yo afluente del Enipeas
transportas aún cadáveres
las cabezas de Stalin y de Lenin

Eres una ciudad entera
y yo calles embotelladas
semáforos donde viven aves
y sueños asustados

A los garitos que amamos
ya no puedo acercarme

CIRCE LA MAGA

Circe no miraba los barcos
sólo hablaba a marineros ahogados

No sabía si eran los años o los hombres que
    amaba
se preguntaba mucho si la locura por la magia
era un amor rechazado

Circe no profería palabras como
tiempo, eternidad, mar revuelto,
los hombres se duelen

No se dirigía a los perros
a los cíclopes y a las sirenas
no había escuchado a Safo
y no deliraba en sus sueños
sino que miraba solamente en su cama
a los marineros muertos
al final comprendió
que no era una maga enamorada
sino una tumba abierta

NOSOTROS/ELLOS

Ellos

Hombres chimeneas
los domingos
los mediodías
corbatas al suelo
duros pensamientos
caballos indómitos
en la soledad del deseo
hombres hundidos en los sillones
como cadáveres tendidos
y sobre ellos blancas sábanas
como para mantener la frescura
del muerto,
esos eran nuestros padres

Nosotros

Es que nos pusimos a andar temprano
es que tomamos y dimos mucho
de las madres y de las épocas

11

es que amamos
sin saberlo
y buscamos como ciegos
aprender los colores

EL MONÓLOGO DE MEDEA

En tu mirada
ya no veo
el semblante de las cosas
de las que me mantuvieron
en pie

Ideas cuchillos
me agitan
tus letras y tus besos
en la Cólquide
y quemé la piel
del rostro en el silencio

Bárbaro griego
soy una Medea
que no puede
matar a tus hijos

EL SUBCONSCIENTE DEL CORAZÓN

El corazón tiene visiones no declaradas
heridas y enfermedades del Amazonas
una araña tras cada movimiento
conjunciones de amor y células de tristeza
las fotografías de dos niños en la calle
de un hombre ante un espejo
dos padres muertos
multitud de hombres bailando
y un enano gritando

Padre, ¿por qué me abandonaste?

MEDITERRÁNEO, NADA SUPO

Y quedaron algunas muchachitas
al crepúsculo, en la playa
hablando con pasión
sobre el instante y la vida
enviando selfis
a hermosos muchachos
y a náufragos ahogados

RECUERDAS EL MAR

Recuerdas el mar
las habitaciones infantiles
una pareja de sueños oculta en el cajón
odiamos la inocencia, el viento
y la oscuridad

Combatíamos como combate el escorpión
a la víctima por la noche
Como el hombre
combate en su sueño con su piel

En las ciudades encendimos llamas
bailamos la juventud
a distancia cercana de la muerte

Volvimos al mismo punto
al mismo patio de colegio
al mismo exvoto
a la misma herida
porque trasladamos el semblante
de los hombres
y nuestra mirada terminó

por el sol
cogieron su sitio lunas
que se rompieron en nuestras manos
como rostros de niños

Recuerdas el mar
recuerdas que te pregunté
cuándo crecería

NO FUI A LONDRES

No caminé en México
No me encontré con Frida Kahlo
No quise a ninguna Monroe
No me hundí en las pasiones de los antiguos
No vestí de luto en los cementerios de los
     Hebreos
no me alteré por los recuerdos de los
     antepasados
mis abuelos murieron como abuelos
las abuelas murieron como abuelas

Soy una Virgen
hundida en la tinta del día
no me recuperé del nacimiento
y quizás de la muerte

Ya no tengo soledad que mantener
soy grande por la tristeza
también perdí el bastón
y lo que sale de mí
ya no es mío

NO SÉ POR QUÉ MIS AMIGOS
NO FRATERNIZAN CON LA MUERTE

Mis amigos se sientan en barcas
se sientan en las aceras
a veces son aerostatos a veces ascensor
Quieren comer el postre bajo los aviones
algunas veces son habitaciones infantiles
amores que no caben en la noche

Sus cuerpos son talleres
que se disolvieron en la guerra
bombas que no estallaron
porque huelen a miedo

Mis amigos son también vapores
y medusas en el mar
seres de tierra firme, gritos en el mercado
sus pensamientos echan humos
incluso cuando duermen

Mis amigos son chicos sin sexo
muchachas que se arrastraron al asfalto

hombrecillos que beben todo el día
y se ocultan del sol

Mis amigos son también argamasa
e hierro en la boca
abren sus ramas
como árboles dolientes
buscan la muerte
que les habla desde dentro
charlan y tocan música
como si estuvieran vivos

No sé contar los amigos
no sé contar las muertes

PEQUEÑA ODA A NTINO CRISTIÁN

«amé mucho a los hombres aquella
tarde, no sé por qué, los amé mucho
como un agonizante»
que es arrebatado por la mirada de la muerte,
es cogido por las palabras de los carceleros
las que le dijeron sin entenderlas
las que entendían y no dijeron
la noche anterior en la celda
Como el indeciso por la vida
es agarrado por remordimientos y culpas
por provechos y pérdidas

Yo te transporto a caminos negros
a invisibles constelaciones
a poluciones nocturnas y asociaciones

Todos estamos hechos de pequeñas muertes
de la tenue luz de aquella tarde
Nadie amó la vida
como yo te amé

ME PREGUNTA DE QUÉ ME OCUPO

¿En qué te ocupas?
Trabajo en una pequeña familia
donde embalo sentimientos
y tuve dos hijos

¿Qué te gusta hacer?
Escribir poemas sobre los Santos
para que el mundo se salve y yo también

Pero los santos no te salvarán
Escribiré entonces sobre los Dioses
Pero los Dioses no leen poemas

¿Qué te hiere más?
Los diez mandamientos del amor
las ventanas selladas, los hechizos en la vida
y las puertas que no se distinguen

¿Qué querías ser?
Ser árbol para abrazar
a los hombres
y fuertes ramas para colgar a quienes
no resisten

Y si no eres árbol ¿qué serás?
Seré yo entera un poema
para que lo lean los Santos
para que se salven a sí mismos
antes de soñar en prodigios

Quizás también un cuchillo en el cielo
y un desplante a los Dioses
y un trozo de lava
para que se calienten las lejanas estrellas

Pero eso son invenciones de tu cerebro
Quizás porque me apresuré desde pequeña
Y no sé escribir poemas

a Rupi Kaur

LAS AVES NOCTURNAS

Las aves nocturnas
acompañan a los hombres
a la muerte,
vuelan por encima
pellizcan los recuerdos
que ellos cuelgan
en los árboles por las noches,
alborotan las alas
en sus rostros
hasta que se levantan de la cama
y se quitan el pijama
la camiseta
regularizan
días y sentimientos
separan el cuerpo
de las ropas
la carne del alma

Los ríos impetuosos
son los mejores amigos del hombre
cuando los acompañan a la muerte,
los hombres se arrojan a ellos

como los niños al mar,
combaten con los vórtices,
las corrientes, la olas,

y piensan
que así era también en la vida,
juegan con socavones
las horas mortales
las funciones de las almas,
las cinco hermanas que no se casaron,
la enfermedad del padre
la madre que no separó
la tierra del cielo
las ciudades de los cementerios

Cuando se acerca Bóreas
al Noto
y la noche se extiende
desesperada
los hombres encuentran
en las aguas tranquilas
hermanos ahogados
y amigos
del campo de fútbol

LAS UVAS DE LA TRISTEZA

Las uvas de la tristeza
son los granos que caen
de la boca
anclas que cuelgan
del pecho
los succionamos por las mañanas
los tragamos sin masticar
por las noches en la cama,
como los sueños, las plegarias
y las mujeres.

Tu boca es de palabras,
frases, vidas con sentido
que querías dar
a los pétalos, a las lágrimas, a las lunas
que fueron atrapadas
en tu paladar.

Son los años
de nuestro amor
granos de tristeza e ira
dientes rotos

y niños que no obedecían
canciones que despertaron
de la piedad del silencio
y aprendiste
a distinguir el sueño
del desvelo
el miedo del asesinato
el amor, el dolor, la Luna

quedaron heladas las manos
vulgares tus versos
e irritados
y todos juntos
cansados del amor
descubrimos la vida
porque tendimos a la muerte
en medio de la cama

EL PRINCIPIO Y EL FIN DEL AMOR

Amamos lo que
nos hace hombres y mujeres
niños de la edad
padres de nosotros mismos
un árbol que se plantó
un antepasado
y lo adoramos
porque tiene en sí
lluvia y sangre
y al lado sembramos plantas
y esperanzas
e hicimos apuestas
con nosotros mismos
y después un hombre
pálido como Sol enfermo
se nos acerca
transportando en la espalda
una damajuana de vino
llevando los zapatos
y los calcetines
del padre muerto

LECCIÓN DE PÉRDIDA 1

Perdí la maquinita
el coche
los rayos del sol
señales en la calle

Perdí el tren
los zapatos
las uñas de los pies
los dientes, la dentadura,
el sitio en el autobús,
el sitio en la vida

Perdí también los escritos,
los pensamientos y mis notas
sobre ti,
los puentes del corazón,
el asma de tu cuerpo

Enfermé por años
y bebí la vida
como fármaco

LOS NIÑOS VACÍOS

No hay noche
que ablande este recuerdo
visión que reserve
los inviernos furiosos
Las madres en México se arañan los pechos
pintan los rostros de las muchachas muertas
en las paredes
cuelgan en los árboles los cuadernos escolares
con las últimas correcciones

La muerte circula con cascos
en la mano como espada
sostiene flores
y la cabeza de un niño

MI MUJER SE FUE

me dijeron
que reconociera el cadáver
en la sala del sótano
del Tanatorio Público
del Hospital Periférico
mi mujer
muerta inmóvil
helada

mi mujer se fue sin
decir nada
no sé quién conducía
el coche
que cayó sobre ella
no se despidió antes de irse
no la besé antes de irse

en su tumba
dejaré
dos mariposas sin alas,
trozos de pez comido
y dos estrellas cortadas regadas
como niños operados

no olvidaré la caja de zapatos
en la que mantenía mis cartas de soldado
y un poco de sangre de los abortos
en un trozo de tela

levantaré
una cruz ardiendo
y dos manitas,
dos piernecitas
de muñecas infantiles,
en recuerdo de los hijos que perdió

no olvidaré colgar también una fotografía
de su madre
y un poema de Lorca
dejaré también dos o tres trozos
de mi corazón,
tirados al suelo
como esputos
que escupieron antiguamente en la tierra
para recordar a la muerte
que es indigna

y un trozo de cielo
pondré

y dos fotografía del pecho
que le cortaron a los cuarenta años

mi mujer se fue
y se apagó con ella el espíritu
y se llenó el cementerio
de pedazos oscuros de recuerdos
como carne estropeada al aire

su muerte se registró
a las 3,45 de la mañana
su móvil sonaba aún
cuando confirmaron
que su corazón se había ido

cantaré también una canción
de Pascual Armando
que murió en la pista, tango
que le gustaba en vida

y le enviaré el SMS
que no le envié
aquella noche
escribiéndole
que no tardase

EL SEMBLANTE FEMENINO
DE LAS COSAS

Los manteles y las servilletas
cayeron de sus manos
los dedos como estrellas heridas
cayeron de sus manos
sus uñas languidecían
ardían y dolían
porque la abandonaron
como los hombres saben abandonar

ella misma deseaba el profundo
semblante femenino de las cosas
en el que encontraba sólo mujeres—fantasmas
tejiendo simulaciones de sí misma

debo comenzar por el principio
contar los pasos y mil cosas de su vida
acariciar el pecho vacío
tocar los bultos en la cabeza
la brisa de los días enamorados
sacar también el diente de su corazón
los hijos que partían como sencillas visitas

y escribiré también un mensaje de muerte en el
    techo
un deseo como oscuro arco iris
pondré una estrella polar a refrescar su cuerpo
como pareja la foto de tu hermana llorando
    continuamente
tiraré también al vacío
todas las imágenes y su cólera
los ruidos y la vida que dominaban
y después la abandonaron
porque nunca mantenía sus propios secretos

LAS MUJERES FUERTES

Las mujeres son fuertes
cuando están embarazadas,
dijo alguien,
llevan en sus vientres
al niño y al marido a la vez

Yo conozco a una mujer embarazada en
    depresión
otra en menopausia en depresión
mi madre tenía depresión

Mi padre mató a muchos niños
uno tras otro
al más débil dentro de él

Los niños que sobrevivieron
encerraron los juguetes
en el armario
los cuerpos en las paredes
embarazaron a un ciervo herido
como si hubiesen vuelto al mundo
tras su muerte

Y así nos convertimos en lo que vio Hanna
    Harendt
bajo la túnica negra del ciudadano común
el asesinato como juego y fantasía
de hombres que sobreviven
en el vientre de una madre depresiva

Las mujeres son fuertes cuando están
    embarazadas
y los hombres cuando matan

ENCUENTROS CON EL PADRE

Hoy vi al padre
en una parada de autobús
hacía máquinas
arreglaba coches
ayudaba a los hombres
a conducir sus vidas con seguridad

Vi al padre en el supermercado
contaba la vuelta
era albañil
encalaba estudios y áticos
para que metieran dentro sus vidas
los hombres
para que vieran blanca
la pared de sus vidas

Vi hoy al padre
en la cafetería bebiendo alcohol
era electricista
daba luz a las habitaciones infantiles
a los salones por las tardes
para que vean la televisión

los ancianos
y no mueran de tristeza

El mundo está lleno de padres
que nunca fueron padres

Enterramos y desenterramos
nuestros cuerpos
para equilibrarnos
nos agarramos a las barras
de los autobuses
apoyándonos
en los corazones de los otros

EN LA CASA EN LA QUE NACÍ

En la casa en la que nací
había un patio
en donde se sentaba el abuelo
por debajo enterrábamos
los corazones inservibles

Había también un hall,
allí se sentaba un niño
como pájaro melancólico
una madre silenciosa
con ojos prestados

Transporté mucho la casa
en la que nací
los muros, los suelos,
arañazos del tiempo

Me convertí en la casa en la que nací
allí donde vive ahora
la madre y mi hermano ciego

EN LA CASA EN LA QUE VIVO

las paredes se pintan
para burlar la memoria
en la casa en la que vivo
faltan las manos y los pies
del padre

SOSPECHO

Sospecho que soy niño
de mi madre y de mi padre

Sospecho que esta tierra me pertenece
Sospecho que las estrellas son las frutas
    infantiles
que nos tragábamos
y el cielo está lleno de agujeros
y no de amor
y la Luna no se enamora como pensamos

Sospecho que estos árboles no son nuestros
    hermanos,
nuestros cuerpos
el esqueleto de la vida que nos mantiene en pie
una flor en la cabeza de un enamorado

Que el hermoso muchacho no es ángel
prorrogación de los sueños de los padres

Sospecho que el cuerpo
me pertenece especialmente

y mi rostro
y estos agujeros del cielo
y las marcas y las manchas
y el ancho estómago
la mirada que no se ve
en el espejo y la indolencia
y el aburrimiento, enteramente míos

Sospecho que el beduino vive
lejos de mí
y que el vecino no se interesa
por mí

Sospecho que soy hombre
que llora aquí y allá
y nunca sabe la causa

Sospecho que no encontraremos jamás
ni extraterrestres ni ángeles con alas
ni me encontraré contigo
porque estoy enraizado especialmente
en una cama infantil y en una tumba
que tendrá mi nombre
y siempre me preguntaré
si es mía

POR LAS TARDES MATO AL PADRE

I

Por las tardes mato
al padre
por las noches lo mantengo en el pensamiento
lo cargo a mis espaldas
herido
como Ulises furtivo
y Cíclope paralítico

Soy el hijo furioso
la muchacha con el corazón abierto

¿Cuánto cuesta la muerte?

II

Por las mañanas despierto al padre
al mediodía lo tengo atado a la cama,
lo cargo a la espalda
embalsamado
por las noches lo dejo
destapado en la calle
para poder aún rezar

III

Como Telémaco yo también
agonizo por su vuelta
pero el padre
estaba siempre aquí
puesto que a Troya
la llevaba siempre en su interior

EL NEGRO MAR

Un hombre con camisa
ensangrentada
pide ayuda en la puerta
no sé si debe llamar
a los bomberos o a la policía
llamar al psiquiatra
o luchar por su vida

Un negro mar
se tragó a mi mujer
y yo estoy con un hombre desconocido
con camisa quemada y cuerpo
a la puerta de la casa

Me dice podemos vivir juntos
y cogernos de los pelos
cogernos de las palabras
lanzar voces
al dios mudo
Mi mujer
no volvió a salir a la superficie
quizás para acostarse

con otro hombre
en el fondo del mar

Me tendí con un hombre desconocido
en la cama
un negro mar
lanzó a mis pies
el pecho de mi mujer
se tragó toda la casa

LAS ALAS DEL HOMBRE

Así es también con las alas
los hombres vuelan
o piensan que vuelan,
por eso aman
las alas del avión
el alcohol y las aceras
se tienden pensando
que tienen raíces
que germinan alas
y piensan en el primer cigarro,
el primer güisqui,
el primer gol,
la madre, el viento,
el niño que combaten

indiferentes al dolor del otro,
los hombres aman
los ruidos del día,
las noches sin frenos
y a algunas mujeres del cine,
las señales de la muerte,
les recuerdan niños

que cantan desesperadamente
las calandas,
pero hay noches
en que los hombres se tienen
por miedo
apretando la respiración
para escuchar las aves
y las alas,
para pensar que vuelan
para pensar que aman

PEQUEÑOS TROZOS
DE LA VIDA QUE QUEDA

Todo es insistente
casi invisible,
como la vida que se esconde
de los muertos

La noche queda
con los dolores en vela
muchos son los vitales del mundo,
tu anoréxica
mantiene dentro de ti
los secretos del hambre

Avancé mucho,
llegué a la edad
del padre
este año seré mayor
que la madre,
más muerto
que él

Un Sol invernal
se tendió en mi cama

a contarme historias
del otro lado de la Luna

Un ángel viejo
me cogió de la mano
pero no me presentó
mi edad infantil

Nos empujamos y nos estrujamos
para que la vida encaje
tantas muertes anónimas

HOMBRES Y ÁRBOLES

Todo árbol
escoge su lugar
todo hombre su tumba

Los árboles recogen
en sus entrañas hongos
se alimentan por las noches
cuando cambia el aire

Los hombres reúnen a su alrededor
objetos, vasijas para poner
el agua, la sangre, el amor,
escogen los huesos
y los hombres
que se llevarán consigo

Los árboles mueren
en el bosque aman,
los hombres se acuestan
con la muerte que odian

VOLVEMOS A SYLVIA PLATH

¿Y si este mundo existe
como una acepción
únicamente
del traumatismo?

Sylvia Plath buscaba la ruptura
trozos de ella misma
o un lago para ahogarse
y llenó los pulmones de gas
puesto que había dejado comida y leche
    a sus hijos
como Juan que contaba la vuelta en su tienda
y recibió un golpe en las sienes
Aqueronte que devoró a mi abuelo
que cantaba en las fiestas
el dolor de una Cibeles huérfana
y de una Pitia que no pudo
adivinar su muerte

Vivimos en Palo Alto
el universo de una absoluta entropía
el dolor de una pérdida transportamos
desgraciados suicidas
volvemos a Sylvia Plath

EL PERRO DEL AMOR

compartimos
la misma cama
las mismas ropas
el mismo cuerpo
en el suelo
y en la enfermedad
cambiamos deseos y a nosotros mismos
nos identificamos con los mismos héroes
las mismas mujeres del cine
los mismos amigos y amantes
los puentes que no descubrimos
los cielos que no vivimos
compartimos
la misma pantalla de televisión
la antena de televisión
los códigos de los móviles
y las perchas del hall
los felpudos de la puerta
la campana con tu nombre,
mi nombre
y las heridas de nuestra generación
dejamos los agujeros en el techo

para que entrara el agua adentro
no nos perturbamos
por los ladrones del barrio
éramos los mismos
y diferentes
y cavamos en el jardín
que no teníamos
plantando secretos
que nunca diríamos a los otros
regando con apotegmas
la naturaleza
para convencer al tiempo de que tenemos razón

la servilleta del dolor
compartimos
y las fantasías
de la mañana
las fantasías de la ideología
con los combates de la juventud
los morros colgados
las puertas cerradas
compartimos
el baño de la tarde
y la sábana del desvelo
dimos los mismos pasos

los mismos movimientos
con la misma flojedad
y perplejidad
en las cerraduras del amor
nos miramos a nosotros mismos
y no nos distinguíamos
en el espejo

como si cayese la brisa del amor
hondamente en nuestro destino
y supimos por las noticias
que nuestro karma
fue golpeado por un cohete
cerca de Palestina
y así nos tendimos
a la sombra
acurrucados
uno con el otro
y el perro del amor
lamió nuestras heridas

SEIS CANCIONES AL MEDITERRÁNEO

Así fueron en el Mediterráneo los viejos
    años,
por muchos años
a excepción de Heródoto, Pericles
y Racine,
tuvimos también silencios
larguísimos silencios
como enfermedades que ocultábamos
bajo las sábanas,
heredadas del gran
padre ausente

...

Amamos los muebles de las velas
y las miradas cerradas de la iglesia
dormimos en templos de la noche
niños desesperados
en cielos alquilados
con la tierra de Sicilia
por debajo y el Papa por encima
rezábamos

...

En el hamman perdimos nuestro cuerpo
bajo el húmedo cielo profundo
de un grupo de estrellas
y carnes de mujeres
gordas mujeres insoportables
encantadoras madres

...

Avanzo por la avenida de Camus,
recojo las sombras que quedaron
en los bancos,
no existe Argelia
sino únicamente el ruido
de innumerables coches atascados
al lado del aroma del luto
que exhala el Mediterráneo

...

Me quedé en la ciudad
para ver a un médico

que hace milagros
en el silencio y en la ira
encontré una cuchilla gemela
es simbólico, dije
cortaré mi corazón irritado
lo arrojaré al mar
me encontraré en la orilla de enfrente
en la Piazza di Spagna
para un café

...

Y así los silencios reinaron
y juntos reinaron
como soles tirados
nuestras vidas

PROSOPOGRAFÍAS DE
MUJERES /HOMBRES AL VACÍO

En el aire
en las cuatro esquinas de la cotidianeidad
con acciones de nobleza, mandatos,
dosis de lascivia y de culpas

así es la mujer
una confesión en ningún sitio
una alegría de improviso
una estrella en la mano
con un poco de leche, un poco de pecho
alimenta a todos los trópicos

...

y los hombres
los hombres
son entidades extrañas,
espíritus dudosos,
sueños electrizados
y rayos en el mar

se matan por matar
porque temen la vida
y la tinta del amor

MIS MANOS

Mis manos son
la arena de Palestina
la voz infinita de la estepa
la cabeza de una muchacha
en el pecho de una camella muerta

Mis manos son
las células entristecidas
de un cáncer de silencio
que cayeron al suelo
como ramas de un invierno inválido

Así también yo
apago los cigarros en tu corazón
como el padre que entierra
uno a uno a sus hijos

VENDRÁ LA MUERTE

con punto de partida en Cesare Pavese

Vendrá la muerte
sin mirarme a los ojos
se hundirá en el cuerpo
de una anoréxica
hundirá a la madre en la demencia

Vendrá buscando para comer,
para fumar cigarrillos
lumbre para dormir

Cuando venga la muerte
sólo pido
que me mantenga un poco en su boca
antes de devorarme
y que sea buena y tierna
cuando se acueste con mis hijas

LOS NIÑOS MUERTOS CANTAN

Los niños muertos cantan
cuando están tristes
por eso los entierran hondamente en la tierra
por miedo a que quieran
salir a la luz
a jugar algún día

LA MUJER CANTÓ
CUATRO RASGUÑOS DEL AMOR

Te vestiste con el traje de hombre
que te va,
pusiste el cuchillo en tu boca
y en tu cuello
aromas y salsas
de mujeres que caen de los bigotes
dispuestos a morderme
como siempre, a morderme
me devoras
sin masticarme

...

Un reptil
junto a tu cama,
no era peligroso, dijeron,
pero tú me acuchillaste
hondamente, en medio de la vida

...

Eras el padrino de mi noche,
padre de una vida entera,
un día me faltabas tantísimo

...

No sé si es
mi sombra o la muerte
que se me acerca
había seis caminos
y no cogí ninguno,
había seis puertas y abrí
la que no ponía tu nombre,
no sé si eran féretros
o puertas
yo abrí la que tenía
mi nombre

EL DIARIO

una mujer lava
los platos ante la ventana
de la cocina,
el hombre saca la basura,
un extranjero con una bolsa
del supermercado
y una servilleta harapienta
en el cuello por bufanda

sus instantes no se encuentran
pero es la hora en que regresa
la verdad
y el diario del tiempo
se vuelve del revés
para besar los pies
de la muerte

COMPARTIMOS

cinco vidas, dos o tres muertes
y una hija
que sólo hablaba a los psiquiatras,
amamos los árboles que no crecían
y las sombras que se ocultaban
detrás de los propietarios,
no simpatizábamos con las flores
y nos gustaban los hombres
que fumaban en la calle,
evitábamos los aviones
aunque alguna vez nos llevaron
los piratas del aire

...

Recuerdo que excavamos en la arena
para encontrar adoquines,
dogmas antiguos,
piedras sin valor
tras las cortinas
buscamos los lados prostituidos
de los hombres

y en sus corazones buscamos
y acordamos que somos amados

amamos
como los cerdos, los niños y los delfines
y vimos el circo del amor
y salimos de compras
hablamos a los ancianos y a los bancos
y a algunas mujeres que se llamaban
novias
detestábamos el balón, los baúles
y las dotes,
las apuestas y las piscinas,
a los hombres que no dividen
cuidamos los gatos en los moteles
que transportan algo
de la desgracia de los hombres
y las ruinas de las avenidas,
siento que no nos conociéramos
antes

al final nos preguntamos
nos rascamos un poco por el tiempo
nos rascamos un poco por el dolor,
dejamos la huella

en la roca solitaria
que ahora lame
el perro del amor

EN LOS EXTREMOS
EL MEDITERRÁNEO

y yo como montañas con casas deshabitadas
me perdí en los valles
eso escriben los poetas románticos
y no,
que los planetas cambian de órbita
y color cada siglo voluntariamente
como los hombres cambian de mujeres
ardiendo sus carnes

que Safo pintaba los ojos de las muchachas
con color que apretaba de su pecho
que los enamorados cuelgan en los árboles
fotografía en blanco y negro del amor
para exorcizar la magia de las ciudades

así pinto yo también mi rostro
con el gran estigma
con pocas tajadas de cielo y dolor acuoso
corto las carnes y limpio la magia
herética mujer bebo tu propio terror

amor es que tomes y que des
lo que no eres
y no puedes ser

ME VOLVÍ ESTATUA

y me vestí de admiración
me volví humo y nube negra
cactus que hería su cuerpo
monja en el círculo de la humildad

me volví sastre para gozar
cuerpos y deseos,
peluquero para acariciar
las cabezas de los hombres
me volví poeta para enterrar poemas
en la arena
bajo una nube
con muchachos solitarios
que se arrepintieron
porque se suicidaron

me volví panadero
para tostar barras esponjosas
para ser comidas
como los corazones de los hombres

ÍNDICE

ÍNDICE